www.ingramcontent.com/pod-product-compliance
Lightning Source LLC
Chambersburg PA
CBHW021830170526
45157CB00007B/2752
* 9 7 8 1 0 9 6 5 2 3 1 1 6 *